Wir danken folgenden Firmen für die Bereitstellung der Garne:

Coats GmbH
Kaiserstr. 1
D-79341 Kenzingen
www.coatsgmbh.de

Designer Yarns Ltd.
Sachsstr. 30
D-50259 Pulheim-Brauweiler
Tel. 0 22 34-20 54 53
www.designeryarns.de (mit Bezugsquellennachweis)

Schoeller Süssen GmbH
Bühlstraße 14
D-73079 Süssen
eMail: info@schoeller-und-stahl.de
www.schoeller-und-stahl.de

Und für die Bereitstellung der Stricknadeln:

Prym Consumer GmbH & Co. KG
Postfach 1740
D-52220 Stolberg
Tel. 0 24 02-14 04
Fax 0 24 02-14 29 05
eMail: info@prym-consumer.com
www.prym.com

Wir danken Ulla Roeder, Annette Burgstaller, Marion Koschkar und Sylvia Mucke für die Anleitungen und Exponate.

ISBN 3-89798-179-3
1. Auflage 2006

Fotos: Christine Paxmann, München
Gesamtlayout und Covergestaltung: Christine Paxmann
Texte: Claire Singer
Redaktionsleitung: Marion Koschkar
DTP-Satz: Ingo Engel, München
Druck: Print Consult

Inhalt

Vorwort

Sie wollen Ihren Kindern etwas ganz Besonderes schenken, das sonst niemand auf der Welt hat? Sie wollen Ihrem Liebsten einen Talismann, ein Andenken, einen Glücksbringer fertigen, den es nicht an jeder Straßenecke zu kaufen gibt? In diesem Buch werden Sie für jedes Können die richtige Anleitung finden, ob es jetzt etwas Aufwändiges oder eher etwas Schnelles sein soll. Im Strickzoo werden Sie Anleitungen zu über 20 Tieren finden, die allesamt gut und unkompliziert in den Grundstrickarten nachzustricken sind. Durch die neuen Effektgarne, die nahezu alle Wollproduzenten jetzt herstellen, können wunderbare Fellstrukturen erzeugt werden ohne großen Aufwand. Wer seinen Tieren auch noch etwas anziehen möchte, dem sind keine Grenzen gesetzt. Anleitungen dazu finden Sie im Babystrickbuch und im Tolle Wollebuch. Nun wünschen wir Ihnen viel Spaß mit Ihrem persönlichen Strickzoo!

Igelmütze und Handschuhe

MATERIAL

- **100 g Lana Grossa Pep Blocco Fb. 807 (meliert)**
- **100 g Lana Grossa Pep Schwarz**
- **50 g Lana Grossa Bingo Beige Fb. 680**
- **Rest Lana Grossa Bingo Schwarz**
- **Kurze Rundstricknadel Stärke 4,5-5,5**
- **Nadelspiel 3,5/4,5**

Mittelschwer

Ein entzückendes Trio und weil „rechts“ und „links“ für Kinder oft ein Hindernis darstellen, haben die Igelhandschuhe je zwei Daumen.

Mütze
Faden doppelt nehmen (1 Faden Pep meliert, 1 Faden Pep Schwarz). 60 M mit Rundstricknadel Stärke 4,5-5,5 oder Nadelspiel anschlagen. Ca. 13 cm stricken, abwechselnd 1 M li, und 1 M re. Danach in jeder 2. R 6 x 2 M zusammenstricken. Dann abstricken und zusammennähen.

Ohren
An 2 gegenüberliegenden Seiten jeweils 15 M mit Bingo Beige (doppelter Faden) aus dem Mützenrand aufnehmen. Abwechselnd 1 M li, und 1 M re stricken. In jeder 2. Rd 2 M zusammenstricken, bis alle M abgestrickt sind. Mit dem Rest Bingo (Schwarz) je ein Gesicht auf die Ohrenklappen stricken. Eine Kordel an die Spitze der Ohrenklappen nähen.

Handschuhe
Für das Bündchen 30 M anschlagen mit Bingo Schwarz (einfacher Faden). Abwechselnd 1 M re/1 M li stricken. In Rd stricken. Nach ca. 4,5 cm

Abkürzungen
M = Masche
Rd = Runde
R = Reihe
LM = Luftmasche
re = rechts
li = links

mit Pep (doppelter Faden) weiterstricken. Nadel der Stärke 4,5. Nach 1,5 cm am Anfang und in der Mitte einer Rd je 4 M auf einer Sicherheitsnadel stilllegen, in der nächsten Rd an beiden Seiten je 4 M anschlagen, sodass 2 Löcher für die Daumen entstehen. Danach Wollwechsel zu Bingo Beige, einfacher Faden, rechts stricken. In jeder 2. Rd je 2 M abnehmen, insgesamt 4 x, RestM abketten und zusammenziehen. Schnäuzchen und Augen mit schwarzer Wolle aufsticken.

Daumen

Für die Daumen an der Anschlagkante noch 4 M aufnehmen und zusammen mit den 4 M von der Sicherheitsnadel den Daumen rechts hochstricken, ca. 1,5 cm. Die letzten 3 Rd je 2 M zusammenstricken, dann abketten und zusammenziehen.

Spitzmaus Stanislaus

MATERIAL

Ca. 30 cm lang:

- **Wollreste Mohair in Bordeaux**
- **Wollreste glatt in Orange, Rosa, Hellrot, Schwarz**
- **Stricknadel Stärke 3**
- **Häkelnadel Stärke 3**
- **Stopfnadel**
- **Stopfwolle**

Einfach

Die kleine Spitznase ist das ideale Mitbringsel: schnell erstellt, groß in der Wirkung, nicht nur für Kinder. Auch leicht für Anfänger.

Maus

Die ganze Maus wird als gerades Stück, vorne rechts, hinten links gestrickt.
28 M in der Mohairwolle anschlagen, dann ein gerades Stück 40 R stricken. In der 41. R die Farbe wechseln, nun kommt glatte, orange Wolle, 22 R lang. Jeweils am Reihenanfang werden immer 2 M zusammengestrickt. In der 63. R folgt ein Streifen aus rosa Wolle, 4 R lang, und 4 R aus Wolle in Hellrot, auch hier werden weiterhin die Anfangsmaschen zusammengestrickt. Dann die RestM abketten. Am Bauch die Maus zusammennähen, die M an der Nasenspitze zusammenziehen. Mittels Bleistift die Stopfwolle bis in die Nasenspitze verteilen, den Körper, je nach Geschmack bauchig oder schlank stopfen. Am Popo wird das ganze mittels Zusammenziehen geschlossen.

Der Schwanz

Der Schwanz ist gehäkelt, bestehend aus 1 R von 20 LM und 1 R fester M. Am Schwanzende werden Wollreste aus allen Rottönen zu einer Quaste geformt und fest gehäkelt. Dann am Körper annähen.

Ohren

Öhrchen werden aus 3 festen M, die immer ins selbe Loch gestochen werden, gehäkelt – hübsch in Hellrot. Angenäht werden sie direkt an der Kante, wo der Körper in den Kopf übergeht.
Die Nasenspitze wird aus schwarzer Wolle im Kettstich gefertigt. Mit Stopfnadel und rosa Wolle werden die Äuglein aufgenäht und mit einem Pünktchen aus schwarzer Wolle gekrönt. Die Barthaare werden in verschiedenen Farben jeweils von einer zur anderen Seite durchgezogen und gestutzt, bis sie passen.

Achtung, wenn die Maus an kleine Kinder verschenkt wird, die Barthaare unbedingt festnähen.

Schlange Su

MATERIAL

- **100 g Limbo von Schoeller + Stahl in 17 Pistazie**
- **50 g Limbo von Schoeller + Stahl in 29 Tanne**
- **50 g Limbo von Schoeller + Stahl in 02 Schwarz**
- **Stricknadeln Stärke 3,5**
- **Stopfnadel**
- **Stopfwolle**
- **2 Schlangenaugen**
- **Rest breites, rotes Satinband**

Einfach
(ohne Rückenmuster)
Mittelschwer
(mit Rückenmuster)

Ein Stofftier mit Nutzen: im Winter dient diese Schlange als Windschutz vor undichten Fensterritzen.

Der Körper

20 M in Tanne anschlagen und 10 R glatt rechts stricken. Dann gleichmäßig verteilt 4 M zunehmen. 3 R ohne Zunahme stricken und dann 7 M verteilt zunehmen. Weitere 5 R glatt rechts stricken und danach 10 M zunehmen. Nochmals 3 R stricken und 9 M zunehmen. Dann kommt 1 R in Tanne, 1 R mit je einem Faden in Tanne und Schwarz. Jetzt wird in Schwarz weitergestrickt. 3 R glatt rechts stricken und dann verteilt 9 M zunehmen. Und nochmals 3 R ohne Zunahme stricken. Danach 1 R mit je einem Faden Schwarz und Pistazie stricken und dabei weitere 9 M zunehmen. Das ist das Schwanzende. Nun glatt rechts in Pistazie den Körper stricken.
Nach ca. 60 cm 1 R in Pistazie und Tanne und danach 15 R in Tanne stricken. Jetzt in jeder Hinreihe (rechte M) verteilt 1 x 8 M, 1 x 9 M und 2 x 10 M durch Zusammenstricken abnehmen. Noch 10 R ohne Abnahmen stricken und dann locker abketten.

Rückenmuster

Danach das Rückenmuster am Schwanz beginnend aufsticken. Das Rautenmuster von der mittleren M aus bis zum Kopf über den ganzen Rücken im Maschenstich sticken.
Jetzt die Schlange rechts auf rechts zusammennähen, die Naht ist auf der Bauchseite. Wenden und dann mit Füllwatte ausstopfen. Zuletzt das Maul zusammennähen und dabei das rote Satinband als Zunge mit einnähen.

Hippie-Löwe

MATERIAL

- **200 g Big Ball von Schoeller + Stahl in 02 Pastell**
- **100 g Lerici fein von Schoeller + Stahl in 914 Gras**
- **100 g Lerici fein von Schoeller + Stahl in 919 Pool**
- **Rest schwarze Wolle**
- **Füllwatte**
- **Stricknadeln Stärke 10**
- **Häkelnadel Stärke 6**
- **Stopfnadel**
- **2 schwarze Perlen**

Einfach

Powerflower – ein Hippie-Löwe als Kissenersatz – ein total angesagtes Geschenk für etwas ältere Kinder.

Der Körper

Mit den Stricknadeln in Pastell 22 M anschlagen. 8 R kraus rechts stricken. Dann glatt rechts weiterstricken. Nach 70 cm noch mal 8 R kraus rechts stricken. Locker abketten. Das Strickstück in der Mitte rechts auf rechts zusammenklappen und die Seitennähte bis auf 10 cm schließen. Wenden, mit Füllwatte stopfen und die Öffnung schließen.

Von der unteren Kante aus (Streifen in kraus rechts) 21 cm abmessen und einen ca. 30 cm langen Faden derselben Wolle durchweben, dabei vorne in der Mitte beginnen. Fest zusammenziehen und eine Schleife binden.

Die Mähne

Für die Mähne ca. 12 cm lange Stücke in Pool, Gras und Pastell abschneiden. Von der dünneren Wolle je 2 Fäden in Pool und Gras zusammennehmen, die dicke Wolle wird einfach genommen. Auf dem Hinterkopf beginnend die Fäden an den Kopf knüpfen. Dafür die Fäden in der Mitte zusammenlegen und mit der Häkelnadel eine kleine Schlaufe durchziehen, dann die Enden durch die Schlaufe ziehen und fest anziehen. Die dicke Wolle gleichmäßig dazwischen knüpfen und die Enden aufdrehen, sodass eine schöne Mähne entsteht.

Dann mit der schwarzen Wolle die Perlen als Augen aufnähen und die Schnauze aufsticken.

Für den Schwanz in Pastell 5 ca. 80 cm lange Stücke abschneiden und daraus eine Kordel drehen. Als Schwanz an den Löwen annähen und die Enden aufdrehen.

Krokodrillo

MATERIAL

- **150 g Dasolo von Lana Grosso Grün**
- **Wollreste schwarze Wolle**
- **Ovale Filzperlen in Grüntönen (Bastelgeschäfte)**
- **2 Holzperlen**
- **Stricknadeln Stärke 7-8**
- **Stopfnadel**
- **Nähnadel, grüner Faden**
- **Stopfwolle**

Mittelschwer

Das grüne Lieblingsmonster wird glatt rechts gestrickt. Die dicke Dochtwolle lässt es flink entstehen. Der Witz sind die Noppen, die durch Hin- und Herstricken einzelner Maschen innerhalb der Reihe entstehen. Das Krokodrillo kann auch wunderbar als Nackenrolle herhalten.

Der Körper

6 M anschlagen und die nächsten 35 R je eine M nach der Anfangsmasche aufnehmen. In R 13 die M 7 und 8, M 10 und 11, M 13 und 14 viermal hin- und herstricken und dann die R normal beenden. In R 17 die M 6 und 7, M 9 und 10, M 12 und 13, M 15 und 16 viermal hin- und herstricken. In R 23 die M 8 und 9, M 11 und 12, 14 und M 15, 17 und 18 viermal hin- und herstricken. In der R 25 die M 10 und 11, M 13 und 14, M 16 und 17, M 19 und 20 viermal hin- und herstricken. In R 27 die M 12 und 13, M 15 und 16, M 18 und M 19, 21 und 22 viermal hin- und herstricken. In R 33 die M 11 und 12, M 14 und 15, M 17 und 18, M 20 und 21, M 23 und 24, M 26 und 27 viermal hin- und herstricken. Das in R 37 und R 41 wiederholen. In R 45 ebenfalls wiederholen, aber ab jetzt die nächsten 16 R jeweils die beiden Anfangsmaschen der R zusammenstricken. In R 51 die M 9, 10, 11, 12 und die M 18, 19, 20, 21 achtmal hin- und herstricken. Ab R 54 die nächsten 10 R in jeder R 2 x 2 M zusammenstricken jeweils am Anfang der R. In R 56 M 8, 9, 10, 11, 12, 13, 14 zweimal hin- und herstricken. In der 64. R dann abketten.

Die Flossen

Alle vier Flossen sind gleich gestrickt. 10 M anschlagen und 9 R glatt rechts stricken. In der 11. R jeweils die Anfangsmasche über die zweite heben, das ganze so viele R lang wiederholen, bis alle M abgekettet sind.

Alle Fäden nach innen vernähen und das Krokodil am Bauch zusammennähen. Den Mund quer mit Steppstich zunähen, sodass eine Kante entsteht. Die vier Flossen erst an das Krokodil platzieren, mit Sicherheitsnadel fixieren und dann mit sauberen Stichen an den Körper annähen.

In die Noppen wird nun jeweils eine ovale Filzperle gesteckt und mit wenigen Stichen mit der Nähnadel und dünnem Nähfaden festgenäht. In die Nasenlöcher werden Filzperlen gesteckt, sodass sie rausschauen. Die Augen bilden die Holzperlen, die mit schwarzem Wollfaden fixiert werden können. So bekomen die Augen Pupillen.

Spieluhr Herr Hase

MATERIAL
- **50 g Mohair Rost**
- **50 g Pep (helles Rost)**
- **Nadelspiel Stärke 4,5-5,0**
- **Stopfnadel**
- **Stopfwolle**
- **2 Augenperlen (Bastelladen)**

Grundmuster: Glatt rechts

Einfach bis mittelschwer

Nicht nur zu Ostern ein zuverlässiger Kumpel für schwere Zeiten und leichte Träume: Mümmelmann mit Hängeohren.

Körper

Körper mit der Brust beginnen. 7 M anschlagen und 3 cm stricken. Dann mit dem Nadelspiel in Rd weiterstricken. Dabei in der 1. Rd aus den Seitenkanten und der Anschlagkante je 8 M aufnehmen bis 31 M. Danach in jeder 2. Rd auf den Seitennadeln je 4 x 1 M zunehmen bis insg. 39 M. In Rd ca. 8 cm stricken, dann mit der Abnahme für das Hinterteil beginnen. Auf den Seitennadeln in jeder Rd 6 x 1 M abnehmen bis 27 M. Körper ausstopfen, die Spieluhr einarbeiten und die 27 RestM zusammenziehen und vernähen.

Kopf

Den Kopf wie den Körper – jedoch mit nur 5 M – beginnen. 2 cm glatt rechts stricken und dann in Rd weiterstricken. Dabei in der 1. Rd aus den Seitenkanten je 4 M und aus der Anschlagkante 5 M aufnehmen bis 18 M. 5 cm in Rd stricken. 9 M auf der Kopfoberseite vorübergehend stilllegen und in verkürzten Reihen weiterstricken. Von diesen M in jeder R links und rechts 6 x 1 M zu den aktiven M dazunehmen und gleichzeitig abstricken. Danach die restlichen 6 M zusammenziehen und vernähen. Vorher natürlich den Kopf ausstopfen.

Ohren

Die Ohren werden jeweils in 2 Teilen gestrickt. Für die Außenteile jeweils 7 M anschlagen. 7 cm in R glatt rechts stricken. Danach in jeder R links und rechts je 1 M abnehmen, bis nur noch 3 M übrig sind. Diese 3 M zusammenziehen.
Für die Innenteile jeweils 5 M anschlagen, wie den Außenteil stricken und innen im Ohr festnähen. Ohren anschließend an den Kopf annähen.

Schwänzchen

Für das Schwänzchen 5 M anschlagen 2 cm in R glatt rechts stricken, dann in Rd weiterstricken. Dabei in der 1. Rd aus den Seitenkanten je 4 M und aus der Anschlagkante 5 M aufnehmen. 4 cm in Rd stricken.
Spieluhrschnur einarbeiten, ausstopfen und zusammenziehen. Gesicht aufsticken.
Augen annähen.

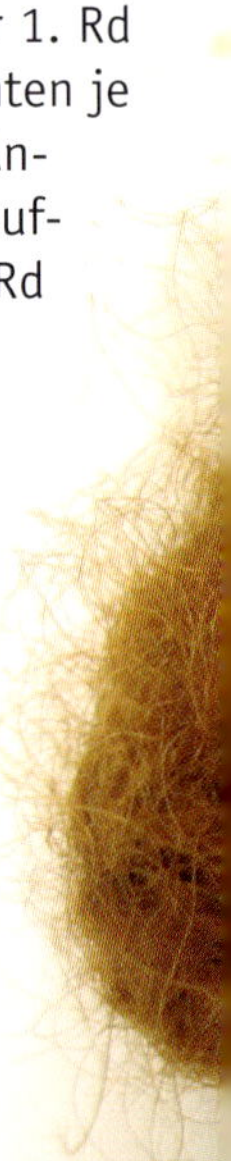

Handpuppe Kätzchen

MATERIAL

- **je 100 g in Mohair/ Merinowolle in zwei Orangetönen**
- **150 g Schachenmayr HipHop Lampion Color Nr. 82**
- **2 grüne Knöpfe für die Augen**
- **Rest dünnes Stopfgarn für den Mund (Schwarz)**
- **Rest Schachenmayr HipHop Fb 01 (Weiß)**
- **Nadelspiel Stärke 4,5**

Grundmuster: Glatt rechts

Einfach bis mittelschwer

Kätzchen ist ein guter Darsteller für alle Kasperletheater.

Körper

28 M mit Nadelspiel 4,5 Mohair/Merino anschlagen und zur Rd schließen je 4 Rd Mohair/Merino, 2 Rd HipHop – so abwechselnd bis 18 cm Höhe. Dann für die Arme die Arbeit teilen: 6 cm hoch Rücken und Bauch wie bisher im Streifenmuster glatt rechts auf je einer Nadel vom Spiel stricken.
Für die Schulternähte die ersten 4 M und die letzten 4 M von Vorder- und Rückseite. (Die 1. M der Vorderseite mit der 1. M der Rückseite zusammenstricken usw.) Die mittleren 5 M für die Halsöffnung normal stricken. Alles abketten.

Arme

In den Armausschnitten mit dem Nadelspiel 9 M vorne und 9 M hinten bis 18 M aufnehmen und in Rd 4 cm im Ringelmuster stricken. Pfoten mit HipHop beenden: in jeder Rd 4 M abnehmen, bis noch 4 M übrig bleiben, zusammen abketten.

Kopf

Nadelspiel 8 M anschlagen, zur Rd schließen, 2 Rd stricken und dann in jeder 2. Rd jede M verdoppeln bis 32 M, 8 cm hoch stricken. Jetzt immer 2 M zusammenstricken bis 16 M. Noch 3 Rd stricken, dann immer zwei zusammenstricken und gerade abketten.

Ohren

5 M anschlagen und kraus rechts stricken, in jeder R am Anfang und am Ende je 1 M abketten, bis nur noch 1 M übrig ist, diese dann abketten.
Die Ohren an den Ecken des Kopfes annähen.

Schwanz

Aus 12 M Mohair/Merino plus HipHop im Ringelmuster 18 cm langen Schlauch stricken. Mit HipHop enden, zusammenziehen und vernähen.

Fertigstellung

Kopf ausstopfen, für den Spielfinger Platz lassen und an den Körper annähen. Schwanz an den Körper nähen.
Die zwei grünen Knöpfe mit schwarzem Stopfgarn an den Kopf nähen.
Aus weißer HipHop das Schnauzenrund aufsticken, darauf mit Stopfgarn Nase und Mund sticken.
An den Armen bzw. Pfoten mit Stopfgarn Krallen aufsticken.
Barthaare anknüpfen!

Schillerfisch

MATERIAL

- **Noro Kureyon Nr. 163**
- **Nadelspiel Stärke 4,5-5,0**
- **Rest Glitzerbeilaufgarn**
- **Stopfnadel**
- **Stopfwolle**
- **Glasperlen**
- **Pailletten**

Für Geübte

Der wollige Bruder des Regenbogenfischs kann mit einem Spieluhreinsatz auch ein wertvolles Geburtsgeschenk sein.

Körper

Mit dem Maul beginnen: 12 M anschlagen, 4 Rd glatt rechts stricken, danach in jeder 2. Rd gleichmäßig verteilt je 8 M zunehmen, bis 84 M auf den Nadeln sind. Ca. 20-21 cm glatt rechts weiterstricken, dann in jeder 2. Rd je 10 M abnehmen, bis nur noch 24 M auf den Nadeln sind. 12 M stilllegen und für eine Schwanzflosse 12 M neu anschlagen (sodass man jetzt mit insgesamt 24 M weiterstrickt). Dann einen geraden Schlauch stricken. Jede 2. Rd 1 M abnehmen, bis nur noch 2 M übrig sind. Diese zusammenziehen und vernähen.
2. Schwanzflosse ebenso stricken.
Offene Stelle erst nach dem Ausstopfen des Fisches vernähen.
Am Ende das Maul zusammennähen!
Die Rücken- und die Schwanzflosse glatt rechts in R stricken. Jeweils 24 M anschlagen, nach 3 R verkürzte R stricken. D.h. zunächst nur mit den mittleren 12 M weiterstricken. In jeder R links und rechts zwei M von den stillgelegten M dazunehmen, bis wieder über alle M weitergestrickt wird. Nach weiteren 2 cm in der Mitte und an beiden Rändern in jeder 2. R je 4 M abnehmen. Rest zur Spitze 2 M stricken und zusammennähen. Ausstopfen und an Körper annähen.

Schuppen

Für die Schuppen 6 oder 8 M anschlagen und glatt rechts stricken (mit oder ohne Glitzer- oder Pailettenbeilaufgarn). In jeder 2. R beidseitig am Rand 1 M abnehmen, bis die Spitze geformt ist. Faden verstechen und Schuppe annähen.
Augen: Glasperlen

Der rot-weiße Elefant

MATERIAL

- **100 g Klassik mit Teflon von Schoeller + Stahl Weiß**
- **100 g Klassik mit Teflon von Schoeller + Stahl rot**
- **Nadelspiel Stärke 5**
- **Stopfnadel**
- **Füllwatte**
- **2 schwarze Holzperlen**

Alle Teile werden mit doppeltem Faden (je 1 x weiß und rot) gestrickt.

Für Geübte

Man muss ihn einfach lieb haben – den knuddeligen Elefanten.

Kopf und Körper

Für den Rüssel auf 4 Nadeln verteilt 8 M anschlagen und 15 Rd glatt rechts stricken. Dann auf der 1. bis 3. Nadel je 1 M zunehmen und weitere 10 Rd stricken. Danach ausgehend von der 2. Nadel 7 R verkürzt stricken, dabei immer 1 M weiter stricken. 1 Rd normal stricken. Die nächste Rd wie folgt stricken: 2 M stricken, dann nach jeder M 1 M aus dem Querfaden herausstricken. Zwischen den letzten beiden M der 3. Nadel keine M zunehmen und auf der 4. Nadel noch 1 M zunehmen. Es sind jetzt 18 M auf den Nadeln. 1 Rd normal stricken. Auf der 1. und 3. Nadel je 1 M zunehmen, auf der 2. Nadel wird 1 R verkürzt gestrickt und auf der 4. Nadel 3 M zunehmen. 1 Rd normal stricken. Die nächste Rd wird wie die vorletzte gestrickt, nur dass auf der 1. und 3. Nadel je 3 M zugenommen werden. 1 Rd ohne Zunahmen stricken und in der nächsten Rd nur auf der 4. Nadel 3 M zunehmen. Danach 7 Rd ohne Zunahmen stricken. Jetzt wird mit den Abnahmen am Hinterkopf begonnen. Zunächst auf der 2. Nadel in den folgenden 4 Rd je 2 M durch Zusammenstricken abnehmen. Dann 1 Rd normal stricken. In den nächsten 3 Rd pro Nadel je 2 M abnehmen. Noch 2 Rd ohne Zu- und Abnahmen stricken, dann mit dem Rücken beginnen.
In der folgenden Rd pro Nadel 3 M zunehmen, danach 1 Rd normal stricken. Dann 4 M pro Nadel zunehmen und wieder 1 Rd normal stricken. In der folgenden Rd 5 M pro Nadel zunehmen und wieder 1 Rd normal stricken. Dann nur auf der 2. Nadel 8 M zunehmen. In der folgenden Rd auf der 2. Nadel 2 R verkürzt stricken und aus den Seiten je 2 M aufnehmen. Jetzt Rüssel und Kopf fest mit Füllwatte ausstopfen.
Dann 25 Rd ohne Zunahmen stricken. Danach mit den Abnahmen beginnen. 15 M verteilt abnehmen, 1 Rd normal stricken, wieder 15 M verteilt abnehmen und 2 Rd normal stricken. In der nächsten Rd gleichmäßig verteilt 6 M abnehmen. Dann den Körper ausstopfen. 1 Rd normal stricken. Dann auf der 1. und 3. Nadel 4 M und auf der 2. Nadel 6 M abnehmen und wieder 1 Rd normal stricken. In der folgenden Rd bis auf die M der 4. Nadel alles locker abketten. Die verbleibenden 10 M der 4. Nadel werden über 17 R glatt rechts gestrickt und dann locker abgekettet. Jetzt den Körper fertig ausstopfen und die Klappe vor die Öffnung nähen.

Beine
6 M anschlagen und 7 R glatt rechts stricken. Aus den Seiten und der Anschlagkante je 6 M aufnehmen und 20 Rd stricken. Dann alles locker abketten. Die anderen 3 Beine ebenso arbeiten. Alle 4 Beine fest stopfen und an den Körper nähen.

Ohren
10 M anschlagen und 8 R glatt rechts stricken. Dann in den nächsten 2 R am Rand je 2 M zusammenstricken. Noch 2 R stricken und dann locker abketten. Die Ohren an den Kopf nähen.

Als letztes die schwarzen Holzperlen als Augen an den Kopf nähen.

Pingi Pinguin

MATERIAL

- **50 g Wonderwool mit Glanzeffekt von Schoeller + Stahl in 102 Glanz Schwarz**
- **50 g Wonderwool von Schoeller + Stahl in 15 Eis**
- **50 g Wonderwool von Schoeller + Stahl in 09 Sonne**
- **Wollreste in Rot**
- **Nadelspiel Stärke 6**
- **2 Augenperlen**

Mittelschwer

So ein Pinguin gehört auf jeden Schreibtisch, in jedes Kinderzimmer, als Tröster bei jeder Gelegenheit.

Körper und Kopf

In Schwarz 10 M anschlagen und 8 R glatt rechts stricken. Aus den Seiten je 8 M und aus der Anschlagkante 10 M aufnehmen. 1 Rd in Schwarz stricken. In der 2. Rd die Maschenanzahl verdoppeln. 2 Rd in Schwarz ohne Zunahmen stricken. Dann die 1. M auf der 1. Nadel mit je einem Faden Schwarz und Eis stricken. Die restlichen M der 1. Nadel in Eis stricken und die 1. M der 2. Nadel wieder mit je einem Faden Schwarz und Eis stricken. Dafür den schwarzen Faden locker auf der Rückseite entlangführen und darauf achten, dass er nicht zu straff gespannt ist. Die restliche Runde in Schwarz stricken. Die nächsten Rd ebenso stricken. In der 4. Rd auf der 2. bis 4. Nadel je 4 M verteilt zunehmen. Dann 10 Rd ohne Zunahmen weiterstricken. In den folgenden beiden Rd auf der 2. bis 4. Nadel je 2 M durch Zusammenstricken abnehmen, ab dann je 1 M abnehmen.

Ab der 4. Rd nach Beginn der Abnahmen die RandM des weißen Teils pro Rd um jeweils 1 M nach innen verschieben, sodass sie nach oben hin zusammenlaufen.

Danach auf der 3. Nadel 2 M abnehmen. Nach 2 Rd die beiden M vor und nach dem weißen Teil zusammenstricken, auf den restlichen Nadeln noch je 1 M abnehmen. Die nächsten beiden Rd ebenso stricken. Dann 1 Rd ohne Abnahmen und Verschiebung der Randmaschen stricken. Dann auf der 1. Nadel die ersten beiden M zusammenstricken, die Randmaschen verschieben, auf der 2. und 4. Nadel je 1 M abnehmen und auf der 3. Nadel 2 M. Dann 1 Rd normal stricken. Die nächsten 6 Rd werden ebenso wie die letzten beiden gestrickt. Dann 1 Rd ganz in Schwarz stricken.

In der nächsten Rd nach jeder 3. M 1 M aus dem Querfaden herausstricken und die M gleichmäßig auf 4 Nadeln verteilen. 1 Rd normal stricken. Dann 10 M gleichmäßig verteilt zunehmen und wieder 1 Rd normal stricken. Dann nach jeder 2. M 1 M zunehmen. Den Körper ausstopfen und 7 Rd glatt weiterstricken. Es sind jetzt 16 M auf jeder Nadel.

Die Abnahmen am Kopf folgendermaßen stricken: 1 M stricken, 2 M zusammenstricken, 10 M stricken, 2 M zusammenstricken und 1 M stricken. Die anderen Nadeln ebenso stricken. In der folgenden Rd wieder 1 M stricken, 2 M zusammenstricken, dann 8 M stricken, 2 M zusammenstricken und noch 1 M stricken. Nach demselben Schema weiterstricken. Wenn noch 6 M auf jeder Nadel sind, den Kopf ausstopfen. Solange weiterstricken, bis nur noch 1 M übrig ist, abketten.

Flügel
Die Flügel werden in R glatt rechts gestrickt. In Schwarz 12 M anschlagen. 1 R stricken und dann in jeder 2. R die ersten und letzten beiden M zusammenstricken. Die letzte M beenden und die Flügel an den Körper nähen.

Füße
In Sonne 7 M anschlagen, 20 R glatt rechts stricken und locker abketten. Das Stück in der Mitte raffen, sodass ein „V" entsteht. Dann die Füße an den Körper nähen.

Schnabel
12 M in Sonne anschlagen und in jeder Reihe die 2./3. und die vorvor- und vorletzte M zusammenstricken. Solange bis nur noch 1 M übrig ist, abketten, den Schnabel zusammennähen und am Kopf annähen.

Die Augen aufnähen. Aus den roten Wollresten noch eine kleine Mütze und einen Schal mit Fransen stricken und dem Pinguin anziehen.

Eisbärmuff

MATERIAL

- **100 g Debbie Bliss Cachmerino Weiß**
- **Rest Wolle Schwarz**
- **Band in Schwarz/Weiß**
- **Nadelspiel Stärke 4,5**
- **Große Sicherheitsnadeln**
- **Häkelnadel Stärke 4,5**
- **Stopfnadel**
- **Stopfwolle**
- **2 schwarze Perlen für die Augen**

Grundmuster:
Kraus rechts (1 Rd rechts, 1 Rd links)

Mittelschwer

Ein treuer Begleiter, in den Kindergarten, in die Schule und sogar ins Theater.

Körper
64 M anschlagen und zur Rd schließen. Im Grundmuster einen 30 cm langen Schlauch stricken.

Die zwei Vorderbeine
Die M des Schlauchs wie folgt aufteilen: 16 M aktiv lassen, die folgenden 16 M auf einer Sicherheitsnadel stilllegen, die folgenden 16 M wieder aktiv lassen, die darauf folgenden 16 M ebenfalls auf einer Sicherheitsnadel stilllegen. Die ersten 16 M zur Rd schließen und auf Nadelspiel in Rd weiterstricken. Im Grundmuster 8 cm hoch stricken. Dann gleichmäßig verteilt 4 M abnehmen. Rest glatt abketten. Ebenso mit den anderen noch aktiven 16 M verfahren.

Für den Kopf
Die nun aufeinander liegenden RestM zwischen den Beinen aufnehmen. Mit dem Nadelspiel in Rd 5 cm stricken. Für die Schnauze Abnahme wie beim Sockenstricken. 4 x in jeder 2. Rd die 2. und die 15., die 18. und 31. M zusammen abketten usw. Ohren über ca. 6 M anhäkeln. Rund abnehmen und Fäden vernähen.

Für die Hinterbeine je 16 M anschlagen und mit Nadelspiel wie die Vorderbeine stricken.

Fertigstellung
Kopf und Vorderbeine mit Füllmaterial ausstopfen und zusammenheften, damit das Füllmaterial nicht mehr herausrutscht. Körper zum Muff zusammenklappen und zusammennähen. Unter dem Kopf nur eine der beiden Lagen annähen. So bleibt ein Eingriff für die Tasche offen.
Hinterbeine annähen. Band zum Umhängen annähen. Gesicht und Krallen aufsticken. Augen annähen.

Entchen Flusch

MATERIAL

- **100 g Schachenmayr Brazilia Gelb 22, 100% Polyester**
- **Rest feine glatte Wolle Orange (Baumwolle für Füße und Schnabel)**
- **Nadelspiel Stärke 4,0 + 2,5**
- **2 schwarze Holzperlen für die Augen**

Für Geübte

Sie hat alles was ein Entchen braucht: Naivität, Weichheit und den Charme aller Tierkinder.

Körper

Am Kopf mit Nadelspiel 4,0 beginnend 6 M anschlagen. Gleich in Rd stricken. In der 2. Rd jede M verdoppeln bis 12 M. Die nächste Rd normal rechts stricken. Dann wieder alle M verdoppeln bis 24 M. Danach 8-11 Rd glatt re stricken.
12. Rd: 2 M zusammenstricken, 2 M re, 2 M zusammenstricken, 2 M re, 2 M zusammenstricken, 1 M re, 2 M zusammenstricken (vorne), 1 M re, 2 M zusammenstricken, 2 M re, 2 M zusammenstricken, 4 M re (hinten) bis 18 M.
Nächste Rd normal rechts stricken.
14. Rd: 2 M re, 2 M zusammenstricken, 1 M re, 2 M zusammenstricken, 3 M re zusammenstricken, 2 M zusammenstricken, 1 M re, 2 M zusammenstricken, 3 M re bis 12 M. Danach 4 cm glatt rechts stricken. Die hintere Mitte mit einem bunten Faden markieren und in verkürzten R weiterarbeiten. 11 M re, die Arbeit wenden und 10 M li zurückstricken, die Arbeit wenden, 9 M re zurückstricken. Dies solange wiederholen, bis beidseitig noch 6 M stehen. Dabei gleichzeitig in der 1. verkürzten R in der Mitte 2 M zunehmen, in der 3. R über der Zunahme noch 1 M zunehmen, in der 5. R 2 M stricken dann 1 M zunehmen. Am Ende der R die drittletzte M verdoppeln. In der 9. R die Zunahme der 5. R wiederholen. Nach 12 verkürzten R wieder in Rd weiterstricken. Dabei alle M wieder aufnehmen und jede verkürzt gestrickte M wieder verdoppeln. 2 Rd stricken, dann über dem Bauch 2 x 1 M zunehmen. Über den seitlich verkürzten M insgesamt 4 x 1 M zunehmen. Nach weiteren 3 Rd die 2 mittleren RückenM verdoppeln und für den Bauch (Popo) gegenüber Rückenmarkierung 6 x je 2 M li und re auf der Seite des Körpers abnehmen.
Das Tierchen mit Füllmaterial fest ausstopfen, dann das Schwänzchen spitz abnehmen, fertig stricken, zunähen.

Flügel

Für die Flügel 2 x ein Dreieck stricken. Dazu 20 M anschlagen, glatt re stricken. Mit 8 M enden und an den Seiten zusammennähen, re und li an den Körper annähen.

Füße

Für die Beine 8 M mit Nadelspiel 2,5 anschlagen und gleich in Rd stricken (ca. 6-7 cm lang).
Für die Füße danach jede M verdoppeln bis 16 M. Die Arbeit in Ober- und Unterseite einteilen. Jede 2. Rd bei der 1. Nadel am Anfang 1 M glatt re zunehmen, 2. Nadel am En-

de die vorletzte M verdoppeln, 1 M re. Bei Nadel 3 und 4 wie bei 1 und 2 stricken. Das Ganze 8 x wiederholen. Danach 4 Rd glatt re ohne Zunahme stricken. Jetzt bei jeder Rd in der Mitte des Fußes bei Nadel 1 die vorletzte M verdoppeln, bei Nadel 2 die 2. M verdoppeln. Unterfuß ebenso stricken. Ober- und Unterseite aufeinander legen und zusammen abketten.
Fäden vernähen und Beine an den Körper nähen.

Schnabel
Für den Schnabel 20 M mit Nadel 2,5 anschlagen. In Rd ca. 3 cm stricken, wie beim Sockenstricken links und rechts hinten und vorne abnehmen jede Rd. Restliche 4 M in der gewendeten Arbeit zusammenstricken. Schnabel leicht mit Füllmaterial stopfen und am Kopf annähen. Für die Augen zwei schwarze Holzperlen annähen.

Kingkong

MATERIAL

- **50 g Schoeller & Stahl Puppengarn Fb. 458 (Kastanie)**
- **50 g Schachenmayr Dacapo 14 Caramel**
- **Rest Mohair Grau**
- **Rest Stopfgarn Schwarz**
- **Nadeln Stärke 4**
- **Stopfnadel**
- **Häkelnadel Stärke 4**
- **Stopfwolle**
- **2 schwarze Perlen**

Grundmuster: Glatt rechts

Einfach

Der liebenswerte Strubbelaffe Kingkong zählt wohl eher zu den Kuschelbären. Die Flauschwolle verzeiht jeden Strickfehler, der Affe ist auch für Strickanfänger gut zu meistern. Kingkong kann ein echt treuer Begleiter werden, denn er ist leicht und passt sich jeder Mulde an.

Körper und Kopf

Körper und Kopf werden rund gestrickt. Dazu für den Körper 36 M in Kastanienbraun anschlagen, 8 M pro Nadel rechts stricken. Ab der 4. Rd wird auf einer Nadel ein 4 M breites Brustband in Caramel eingestrickt. Vorsicht beim Übergang der beiden Farben jeweils die Fäden einmal umeinander wickeln, aufpassen dass keine Löcher, aber auch keine Zugnähte entstehen. Der Brustpelz wird 32 Rd lang eingestrickt, in der 37.–41. Rd wieder rundum Kastanienbraun stricken, dabei aber alle 4 M 2 M zusammenstricken. In der 42. Rd auf der selben Nadel wieder das Band für das Gesicht stricken, 8 Rd lang. In der 52. Rd alle 4 M 2 M zusammenstricken. Noch 4 Rd stricken, dann abketten.

Gliedmaßen

Arme und Beine werden als gerade Stücke gestrickt, die dann zusammengenäht werden. Alle 4 Gliedmaßen werden gleich gestrickt. Dazu 20 M mit der kastanienbraunen Wolle anschlagen, 50 R glatt rechts stricken. Dann 5 R in Caramel stricken, dabei jeweils am Reihenanfang immer 2 M zusammenstricken, dann abketten.

Zusammennähen

Alle Fäden werden vernäht. Der Körper mit Kopf wird am Kopfende mit einem durchgezogenen Faden zusammengezogen, dann wird der Körper mit Stopfwolle mittelfest gestopft. Auch mittels Zusammenziehen wird der Affenkörper dann unten geschlossen. Die Gliedmaßen werden der Länge nach auf der linken Seite zusammengenäht und am caramelfarbenen Ende zusammengezogen. Dann werden die Schläuche gewendet und locker gestopft, sodass keine Ausbuchtungen entstehen. Oben werden die Gliedmaßen zusammengenäht und an den entsprechenden Körperstellen befestigt. Auch hier empfiehlt sich ein provisorisches Feststecken mit der Sicherheitsnadel, damit Arme und Beine auch „Affentypisch" am Körper sitzen. Am Hals, wo das caramelbraune Band nicht verläuft, wird ein Faden einmal rundum gezogen, gerafft und verknotet, das gibt dem Hals mehr Kontur und trennt schöner Kopf und Körper. Mit einer Häkelnadel werden nun graue Härchen am Kopf angebracht, je nach Geschmack und Affensorte mal mehr, mal weniger.

Schwarze Perlen als Augen aufnähen. Wer mag, kann auch noch Mund und Nasenlöcher aufsticken.

Esel Meier

MATERIAL

- **200 g Noro Kochoran FB 31 (Beige)**
- **Rest schwarze Wolle**
- **Rest weiße Mohairwolle**
- **Nadelspiel Stärke 5,5-6,0**
- **Häkelnadel Stärke 5-6**
- **Tieraugen (Bastelladen)**
- **Stopfnadel**
- **Stopfwolle**

Für Geübte

Er könnte aus einem Bilderbuch der 50er Jahre gefallen sein: Esel in roter Hose. Ein absolut treuer Spielkamerad!

Körper

Den Körper mit dem Hinterteil beginnen. Wolle doppelt verarbeiten. Glatt rechts in R stricken. 16 M anschlagen in jeder 2. R re und li je 1 M abnehmen. Bis 2 M übrig sind. Dann aus den schrägen Kanten je 7 M aufnehmen und aus der Anschlagkante 16 M aufnehmen. Bis 32 M in Rd weiterstricken, 16 cm hochstricken, Arbeit halbieren, 16 M li und re. Je 1 M stehen lassen. 5 x in jeder R 1 M abnehmen, die restlichen 4 M abketten. Rückenteil ebenso. Körper ausstopfen und zunähen.

Beine

Für die beiden Beine 4 M mit schwarzer Wolle (doppelter Faden) anschlagen. 6 R glatt re stricken. Dann aus den Seitenkanten je 3 M aufnehmen und an der Anschlagkante 4 M aufnehmen und in Rd weiterstricken. 4 Rd dann in Norowolle weiterstricken. 1 Rd re, 1 Rd li, dann glatt re weiterstricken. Bei 19 cm glatt abstricken.
Die beiden Arme wie die Beine stricken, jedoch bereits bei 14 cm abstricken.

Kopf

Den Kopf mit weißer Mohairwolle (doppelter Faden) beginnen. 5 M anschlagen und 3 cm in R glatt re stricken. Aus den Seitenkanten je 6 M und aus der Anschlagkante 5 M aufnehmen, bis 21 M und in Rd weiterarbeiten. 6 Rd stricken, dann mit Norowolle weiterstricken (doppelter Faden). Nach 2 Rd li und re am Kopf (Seitennadeln) je 3 x 1 M aufnehmen, bis 27 M 10 cm glatt re stricken. Bei der Kopf-

oberkante 7 M stehen lassen, restliche M abketten. Mit den 7 M in verkürzten R 8 cm glatt re stricken, danach glatt abketten. Kopf ausstopfen und zunähen.

Ohren
Die Ohren werden je in 2 Teilen gestrickt. Für die Außenteile je 7 M in Norowolle anschlagen. In R 6 cm glatt re stricken. Danach in jeder 2. R li und re je 1 M abnehmen, bis nur noch 3 M übrig sind. Diese zusammenziehen. Die Innenteile der Ohren wie die Außenteile, jedoch mit weißer Wolle stricken und dann innen annähen (einen Nororand stehen lassen). Für das Schwänzchen die Norowolle einfach verarbeiten. 6 M anschlagen und in Rd stricken. Dafür nur 4 Nadeln als Nadelspiel verwenden. Bei ca. 14 cm glatt abstricken. Für die Quaste Noro- und schwarze Mohairwolle als Fransen annähen.

Mähne
Mit dicker Häkelnadel in der Mittelmasche des Kopfes und des Körpers schwarze glatte und schwarze Mohairwolle einknüpfen. Ca. 20 cm lange Mähne.

Fertigstellung
Beine und Arme annähen. Schwänzchen an der Spitze des Hinterteils annähen. Kopf schließen und annähen. Nach Lust und Laune Latzhose stricken. Augen annähen und Nasenlöcher mit schwarzer Wolle aufsticken.

Kälbchen Karl

MATERIAL
- **250 g Schachenmayr Dacapo 14 Caramel**
- **50 g Schachenmayr Dacapo 10 Mokka**
- **Reste Natur und Weiß**
- **Füllwatte**
- **Stricknadeln Stärke 3,5 und 2,5**
- **Häkelnadel Stärke 3,0**

Außer den Hörnern wird alles mit doppeltem Faden gestrickt.

Grundmuster: Glatt rechts

Für Geübte

Mit Karl kann man über alles reden. Er erzählt nichts weiter!

Körper

Vorn am Maul mit dem Körper beginnen. In Caramel 13 M mit Stricknadeln Stärke 3,5 anschlagen und 8 R glatt stricken. Dann mit dem Nadelspiel in der Rd glatt re weiterstricken. Dabei in der 1. Rd aus den Seitenkanten der 8 gestrickten R jeweils 6 M aufnehmen und aus der Anschlagkante ebenfalls 13 M aufnehmen bis 38 M. Die aus der Anschlagkante aufgenommenen 13 M sind unten. Die 6 M aus den Seitenkanten ergeben jeweils die Seiten. Auf der Nadel oben befinden sich die zuerst angeschlagenen 13 M.

Jetzt auf den Seitennadeln beiderseits der oberen 13 M wie folgt je 1 M zunehmen:

1 x nach der 3., 8., 11., 14., 18., 22. und nach der 25 Rd. Insgesamt werden so auf jeder Seite am oberen Rand 7 M zugenommen. Gleichzeitig wird auf beiden Seitennadeln am unteren Rand in der 16. Rd und danach 2 x nach weiteren 3 Rd die AnfangsM verdoppelt. So werden je 3 weitere M auf den Seitennadeln aufgenommen. Das ergibt auf den seitlichen Stricknadeln jeweils eine Gesamtzahl von 16 M. Gleichzeitig werden innerhalb der oberen 13 M jeweils in der 14. und 16. Rd die MittelM verdoppelt. In der 18. und 22. Rd wird beiderseits der Zunahmen der VorRdn jeweils 1 M zugenommen. In der 26. Rd wieder die MittelM verdoppeln. Insgesamt sind damit auf der oberen Stricknadel 20 M. Gleichzeitig wird auf der unteren Nadel in der 16. Rd die MittelM verdoppelt. Dies wird noch 4x in jeder 2. Rd wiederholt. Damit sind auf der unteren Nadel nun insgesamt 19 M.

Die 19 M der unteren Nadel werden nach der 26. Rd vorrübergehend stillgelegt. Über die übrigen M wird in verkürzten R glatt rechts weiter gestrickt. Dabei werden zunächst nur die oberen 20 M verwendet; die seitlichen M sind auch erst einmal stillgelegt. Es werden jedoch in jeder weiteren R beidseitig jeweils 1 oder 2 M von den stillgelegten Seitennadeln zu denen auf der Mittelnadel zugestrickt, bis in der letzten verkürzten R alle M der Seitennadeln aufgenommen sind. Insgesamt müssen 14 verkürzte R gestrickt werden. Innerhalb dieser 14 R werden für den Hinterkopf 4 x gleichmäßig verteilt 2 M zusammengestrickt.

Nach den 14 verkürzten R werden die stillgelegten M von der unteren Nadel wieder mitgenommen und es wird nun über alle M wieder in Rd glatt rechts gestrickt. Dabei die M so

Kälbchen Karl

verteilen, dass auf der unteren Nadel 15 M, auf den beiden Seitennadeln jeweils 18 M und auf der oberen Nadel ebenfalls 16 M sind. In der 1. Rd werden die 3 mittleren M des oberen Teils verdoppelt und auf den Seiten seitlich vom unteren Teil je 1 M zugenommen. Diese Zunahme wird 1 x nach der 4. Rd wiederholt und dann wieder nach der 7. und nach der 10. Rd. Gleichzeitig wird im unteren Teil gleichmäßig auf 12 Rd verteilt 12 x 1 M zugenommen. Nach diesen 12 Rd wird wieder in verkürzten R gestrickt. Diesmal aber über den unteren Teil. Die Seiten und der obere Teil werden vorübergehend stillgelegt. Es werden insgesamt 6 verkürzte R gestrickt und innerhalb dieser 6 R 6 x 1 M zugenommen. Danach über alle M wieder in Rd stricken. Dabei in der 1. Rd die 3 mittleren M im oberen Teil verdoppeln und über den seitlichen Teilen jeweils an 3 Stellen 2 M zusammenstricken. Danach glatt rechts weiterstricken. Nach ca. 30 Rd im oberen Teil an 2 Stellen 1 M verdoppeln. Dies noch 2 x nach jeweils 4 Rd wiederholen. Danach noch einmal ca. 4 Rd stricken, dann an 4 Stellen gleichmäßig über alle Teile verteilt 2 Doppelabnahmen stricken (2 M zusammenstricken, 1 M abheben, 1 M stricken und die abgehobene M überziehen). Dies noch 4 x in jeder 2. Rd wiederholen. Danach die M auf den Seitennadeln und der unteren Nadel abketten.
Das Hinterteil flach beenden indem nur noch mit den oberen M weitergestrickt wird. Dabei am Ende jeder R aus den Seitenrändern 1 M aufnehmen. Diese dann zu Beginn der nächsten R über die folgende M überziehen (abheben, nächste M stricken, abgehobene M überziehen). So weiterstricken, bis der untere Rand der abgeketteten M erreicht ist. Dann auch die restlichen M abketten. Das Tier fest ausstopfen und die Öffnung zunähen.

Beine
In Mokka 20 M anschlagen. Mit einem Nadelspiel der Stärke 3,5 in Rd glatt rechts stricken. Mit Mokka 4 Rd stricken, dann mit Caramel (ebenfalls doppelter Faden) weiterstricken. Nach ca. 12 cm an 2 Stellen 1 M aus dem Querfaden herausstricken. Das Gleiche

nach 14 cm wiederholen. In 18 cm Höhe alle M gerade abketten. Für den Boden der Beine in Mokka kleine Kreise stricken: 2 M aufnehmen, glatt rechts stricken, dabei in jeder 2. R aus dem Querfaden zwischen allen M neue M herausstricken, bis man insgesamt 9 M hat. Dann 2 R normal stricken. Danach und in jeder 2. R wie folgt abnehmen:
1 re, 2 zus., 1 re, 2 zus, 1 re, 2 zus.; 1 re, 2 zus., 1 re, 2 zus.; 2 zus., 2 zus. bis alle M abgenommen sind. Den Boden annähen, die Beine fest mit Watte ausstopfen und an den Körper nähen.

Die Hörner
In Natur 12 M mit Stricknadel Stärke 2,5 anschlagen (einfacher Faden). Glatt rechts stricken und dabei in jeder 2. R beiderseits 2 M zusammenstricken, bis alle M abgenommen sind. Die Naht schließen, die Hörner fest ausstopfen und annähen.

Die Ohren
In Caramel 17 M mit Stricknadel Stärke 2,5 anschlagen. In R 4 cm glatt rechts stricken. Danach wie folgt abnehmen.
1. R: 2 M zus., 4 M re, 2 M zus., 1 M re, 2 M zus., 4 M re, 2 M zus.; 2. R: links; 3. R: 2 M zus., 2 M re, 2 M zus., 1 M re, 2 M zus., 2 M re, 2 M zus.; 4. R: links; 5. R: 2 M zus., 2 M zus., 1 M re, 2 M zus., 2 M. zus.; 6. R: links; 7. R: 2 M zus., 1 re, 2 M zus.; 8. R: links; 9. R: 3 M zus. Die Ohren zusammenfalten und annähen.

Schwanz
In Caramel 8 M mit der Stricknadel Stärke 2,5 anschlagen und glatt rechts stricken. Dabei nach ca. 7 cm und 9 cm je 2 x 2 M zusammenstricken, sodass am Ende nur noch 4 M übrig sind.
In 18 cm Höhe die restlichen M glatt abketten. Die Naht schließen, den oberen Teil des Schwanzes mit Watte ausstopfen und an das Hinterteil annähen. Am unteren Ende in Caramel Fransen anknüpfen.

Ausarbeitung
Augen in Mokka mit einem weißen Punkt aufsticken. Ebenfalls in Mokka Fransen zwischen den Hörnern einknüpfen und kurz abschneiden.

Fuchsschal

MATERIAL

- **150 g Lana Grossa Pep Print Rost**
- **150 g Lana Grossa Bingo Rost**
- **50 g Lana Grossa Pep Blocco meliert, Fb. 807**
- **Rest Lana Grossa Bingo Schwarz**
- **Rest weiße Wolle**
- **Nadelspiel Stärke 4,5-5,5**
- **2 Glasaugen (Bastelgeschäft)**

Für Geübte

Ein wahrer Halsschmeichler, Meister Reineke.

32 M mit Nadel 4,5-5,5 anschlagen. Dabei werden in doppelter Fadenführung Pep (Rost) und Bingo (Rost) gleichzeitig verwendet. 62 cm lang glatt rechts einen Schlauch stricken. Anschließend für Kopfunterseite 12 M stilllegen. Mit den restlichen M das Gesicht weiterstricken. 4 R gerade stricken, danach in jeder 2. R 2 M zusammenstricken, bis nur noch ein Rest von 4 M übrig bleibt. Diese 4 M auf einer Sicherheitsnadel stilllegen.
Nun die unteren 12 M mit weißer Wolle weiterstricken. Dabei in jeder 2. R li und re je 1 M abnehmen, bis nur noch 4 M übrig sind. Diese 4 M mit den 4 RestM vom Gesicht in einem Nadelspiel zusammenfassen und mit dem Rest schwarzer Wolle die Schnauze stricken. Dabei 2 R normal stricken, danach 4 M abnehmen und den Rest ebenfalls mit schwarzer Wolle zusammenziehen und vernähen.
Das Maul li und re auf 4 cm zusammennähen und den Rest offen lassen, um später den Schwanz durchzuziehen.
Den Schwanz mit 3-fachem Faden stricken: Bingo Rost, Pep Rost, Pep meliert. Dabei auf Nadelspiel 4,5-5,5 20 M aufnehmen. Einen Schlauch von 12 cm stricken. Danach 4 M abnehmen. Den Rest mit weißer Wolle und Pep Rost zur Spitze weiterstricken.
Anschließend den Schwanz an das zusammengezogene Ende des Schals annähen.
Augen ins Gesicht nähen.

Monsieur Gallo

MATERIAL

- **ca. 50 g hellblauer Wollrest**
- **ca. 50 g grüner Wollrest**
- **ca. 50 g lila Wollrest**
- **ca. 50 g mittelblauer Wollrest**
- **Rest dünne Sockenwolle (Rot)**
- **Nadelspiel Stärke 4,5-5,0**
- **Nadelspiel Stärke 2,0**
- **Augen: schwarze Perlen**
- **Stopfwolle**
- **Stopfnadel**

Grundmuster: Glatt rechts

Für Geübte

Dieses Hähnchen macht Laune und könnte glatt als Rockstar durchgehen.

Kopf und Körper

Mit dem Kopf beginnen. 6 M in Grün anschlagen, auf 3 Nadeln im Spiel stricken, zur Rd schließen.

1. Rd rechts
2. Rd jede M verdoppeln bis 12 M
3. rechts
4. pro Nadel 1 M zunehmen bis 15 M
5. –15. Rd glatt rechts stricken
16. Rd 3 M grün stricken, mit hellblauer Wolle 1 M dazu aufnehmen wieder 3 M grün, 1 M hellblau usw. bis 21 M
17. Rd stricken wie das Maschenbild erscheint
18. Rd vor und nach jeder hellblauen M je 1 hellblaue M dazu aufnehmen bis 33 M
19. Rd stricken wie das Maschenbild erscheint
20. Rd keine Zunahmen mehr; die hellblauen Maschenmuster zum Dreieck stricken, d.h. 5 M hellblau, 1 M grün
21. Rd stricken wie das Maschenbild erscheint
22. Rd nur hellblau bis 33 M
23. Rd Arbeit einteilen und kennzeichnen: 1 Nadel (Bauch), 2 Nadeln (Seitenteile)
24. Rd: ab hier auf der Rückennaht jede 2. Rd 1 M zunehmen, d.h. auf Nadel 2 die vorletzte M verdoppeln und auf Nadel 3 die 2. M verdoppeln; auf Nadel 1 (Bauch) die 2. M und die vorletzte M verdoppeln, aber nur jede 4. Rd, bis auf der Bauchnadel 16 M sind, dann nur noch Seitenteile zunehmen, bis je 18 M auf den Nadeln 2 und 3 sind. Seitenteile abketten!

Monsieur Gallo

Boden
Für den Boden ein Dreieck stricken glatt re (Vorderseite re, Rückseite li), d.h. mit den M der Bauchnadel weiterstricken. Dabei jeweils in der Hinreihe jede 2. M und jede vorletzte M abnehmen, 16 x wiederholen. Körper-Boden an einer Seite an das Seitenteil annähen, Körper mit Füllmaterial ausstopfen und den Rest zunähen.

Beine
16 M Hellblau mit Nadelspiel anschlagen, 10 Rd rechts stricken.
11. Rd jede 2. M zusammenstricken bis 8 M, dabei auf Nadelspiel Nr. 2 wechseln und in dünner roter Sockenwolle 4 cm hoch stricken. Dann 6 M auf Sicherheitsnadel stilllegen zu den 2 RestM 2 M als RandM aufnehmen.
3 cm glatt rechts stricken. Spitz abketten, d.h. die mittleren 2 M zusammenstricken auf der RückR die restlichen 3 M zusammenstricken und mit dem etwas längeren Restfaden die 1. Kralle zunähen. Die restlichen M auf der Sicherheitsnadel einteilen für die weiteren drei Krallen. Die Krallen ebenso wie die erste stricken.
Das Schenkelchen ausstopfen und an den Körper nähen. 2. Bein ebenso!

Flügel
10 M in Hellblau anschlagen. 8 R glatt rechts stricken, dabei in jeder R am Anfang und am Ende 1 M zunehmen. Ab der 8. R jeweils am Anfang und am Ende einer R je 1 M abnehmen, bis nur noch 2 M auf der Nadel sind, dann abketten. An den Rändern zusammennähen, die Spitze herausbiegen, mit der Naht nach vorne am Körper annähen.

Schwanz
Restwolle bunt nach Belieben!
8 M anschlagen, kraus rechts stricken, am Reihenende mit Knötchenrand abschließen.
In der 3. und 5. R je 2 M zunehmen bis 12 M, bei ca. 15 cm mit der Abnahme beginnen, jede 2. R links und rechts bis auf 2 M abnehmen, zusammennähen. Die 3 Schwanzfedern alle gleich stricken, schuppenartig an den Körper nähen.

Schnabel und Kehllappen
Für den Schnabel aus roter Sockenwolle glatt rechts eine ca. 8 cm lange und 4 cm breite Raute stricken, zusammenklappen und annähen.
Für die Kehllappen 2 x 3 cm lange und 2 cm breite (glatt rechts) Läppchen stricken und annähen.

Als Augen schwarze Perlen aufnähen!

Statt Kamm aus rotem Stoff ein kleines Tüchlein nähen, knoten und auf den Kopf nähen.

Schlafschaf Lene

MATERIAL

- **150 g Schachenmayr Dacapo Weiß 0001**
- **Rest Schachenmayr Micro Weiß, Braun oder Schwarz**
- **Rundstricknadeln Stärke 4,5**
- **Nadelspiel Stärke 4,5**
- **Stopfnadel**
- **Stopfwolle**
- **2 Augenperlen**
- **1 Glöckchen**

Alles mit doppeltem Faden stricken

Leicht

Mit Kirschkernen gefüllt, ist das Schlafschaf auch ein Wärmekissen.

Körper

Am Hinterteil beginnend, 42 M anschlagen und kraus rechts stricken. 4 cm glatt stricken, danach links und rechts je 4 M abnehmen. Dann für den Bauch mit 34 M 8 cm kraus re weiterstricken. Nun links und rechts jeweils 4 M dazuschlagen und für die Vorderbeine wieder 4 cm mit 42 M kraus rechts stricken. Anschließend beidseitig 6 M abnehmen und mit 32 M den Kopf 3 cm hoch stricken. Dann in Microwolle weiterstricken, in jeder 2. R 2 x 3 M und 1 x 2 M abketten. Die restlichen 4 M glatt abketten.

Schwanz

12 M anschlagen und auf Nadelspiel in glatten Rd 3 cm kraus rechts stricken. Danach 4 M abnehmen, den Rest zusammenziehen.

Ohren

In Microwolle 6 M anschlagen. Glatt rechts stricken. 3,5 cm glatt hochstricken, dann in jeder R links und rechts je 1 M abnehmen.

Beine

Mit dem Nadelspiel 12 M mit der Microwolle anschlagen. 6 cm die Beine glatt rechts in Rd stricken. Anschließend 3 x in jeder R 4 M abnehmen, den Rest zusammenziehen und innen vernähen.

Schnauze

Mit Microwolle 24 M anschlagen. Auf jeder Nadel sollten sich 6 M befinden. Mit Nadelspiel in Rd 2 cm stricken. In den nächsten 6 Rd auf der 1. Nadel jeweils die 1. M abnehmen. Auf der gegenüberliegenden Nadel jeweils die letzte M abnehmen. Die restlichen 12 M auf der linken Seite zusammen abketten.

Fertigstellung

Körper am Bauch zusammennähen, Beine und Gesicht annähen, Körper mit Kirschkernen füllen. Körper am Hinterteil schließen. Schwanz und Ohren annähen, Glasaugen annähen. Glöckchen umhängen.

Teddy auf Reisen

MATERIAL

- **50 g Dacapo von Schachenmayr in 05 Sand**
- **50 g Dacapo von Schachenmayr in 14 Caramel**
- **50 g Dacapo von Schachenmayr in 10 Mocca**
- **Rest in Hellblau**
- **Nadelspiel Stärke 4**
- **Stopfnadel**
- **Füllwolle**
- **2 Augenperlen**

Leicht

Der Teddy wird mit je einem Faden Sand und Caramel gestrickt, Schnauze, Ohren und Tatzen mit 2 Fäden Mocca.

Beine

5 M in Mocca anschlagen und 7 R glatt rechts stricken. Ab der 8. R in Sand/Caramel weiterarbeiten und 15 M auf drei weitere Nadeln verteilt dazu anschlagen. In Rd weiterarbeiten. 5 Rd stricken, dann jede 2. und 3. M zusammenstricken. Nach 5 cm Höhe locker abketten. Die Fußsohle annähen. Das 2. Bein ebenso arbeiten.

Körper

Auf 4 Nadeln verteilt insgesamt 20 M in Sand/Caramel anschlagen. In der 2. Rd pro Nadel 1 M zunehmen. In der 3. und 4. Rd pro Nadel je 3 M zunehmen. Die 5. Rd ohne Zunahmen stricken. In der 6. Rd nochmals pro Nadel 3 M zunehmen. Ab der 7. Rd glatt weiterstricken. Nach 12 cm ab der Anschlagkante in jeder 2. Rd pro Nadel 1 M durch Zusammenstricken abnehmen, bis nur noch 10 M auf jeder Nadel sind. Nach der letzten AbnahmeRd 3 Rd glatt stricken und dann die M von 3 Nadeln abketten. Die letzten 10 M noch über 14 R glatt rechts stricken und dann auch locker abketten.
Die Klappe über die Öffnung nähen.

Arme

Auf 4 Nadeln verteilt 16 M in Sand/Caramel anschlagen und bis zu einer Höhe von 7 cm glatt stricken. Dann 5 Rd in Mocca stricken. Ab der 6. Rd pro Nadel 1 M abnehmen, bis keine M mehr übrig ist. Den anderen Arm ebenso arbeiten.

Kopf

12 M auf 4 Nadeln verteilt in Sand/Caramel anschlagen. In der 2. und 4. Rd pro Nadel 2 M zunehmen. In der 6. und 8. Rd 3 M pro Nadel zunehmen und in der 10. und 12. Rd noch je 4 M pro Nadel zunehmen.
Dann 5 Rd ohne Zunahmen weiterstricken. Dann gegengleich zu den Zunahmen die Abnahmen stricken (pro Nadel 2 x 4 M, 2 x 3 M und 2 x 2 M in jeder 2. Rd). Am Ende 1 Rd normal stricken und dann alle M locker abketten.
Die beiden Öffnungen mit Hilfe eines Fadens zusammenziehen, vorher den Kopf ausstopfen.

Ohren

6 M in Mocca anschlagen und glatt rechts 12 R stricken. Locker abketten. Die Anschlag- und Abkettkante zusammennähen.

Schnauze

In Mocca 12 M anschlagen und glatt rechts stricken. In jeder R die 1. M abketten bis noch 5 M übrig sind. Die letzten 5 M abketten. Dann die Schrägkanten zusammennähen.

Ausarbeiten
Arme, Beine und Körper ausstopfen. Kopf und Glieder an den Körper nähen. Die Schnauze und die Ohren am Kopf anbringen und Augenperlen aufnähen.
Zuletzt aus Wollresten in Hellblau noch einen Schal stricken und dem Teddy umbinden.

Igelei

MATERIAL

Für ein ca. 20 cm großes Tierchen:

- **50 g Schachenmayr Brazilia Nr. 87 (Marmor)**
- **Wollreste in Grau und Schwarz**
- **Stricknadel Stärke 3-4**
- **Füllwolle**
- **Stopfnadel**
- **2 Augenperlen**

Leicht

Für jeden Strickeleven bestens geeignet und als Schnellgeschenk unübertroffen, Igelchen als Handschmeichler, Talismane und Glücksbringer.

Körper

Beispiel grauer Igel: 10 M anschlagen, glatt rechts stricken und in jeder R 1 M am Reihenanfang aufnehmen, ca. 22 R, schließlich 22 R lang wieder jeweils am Reihenanfang 2 M zusammenstricken. Dann Farb- und Wollwechsel, die hellgraue, glatte Wolle 14 R stricken und dabei immer 2 M zusammenstricken. Die wenigen RestM dann abketten. Das Körperchen am Bauch zusammennähen, das Schnäuzchen via Zusammenziehen schließen. Mit einem Bleistift vorsichtig anfangen das Schnäuzchen zu stopfen, dann großzügig und bauchig den ganzen Körper. Schließlich das Tierchen am Hintern mittels Zusammenziehen schließen.

Äuglein noch aufnähen und mit schwarzer Wolle die Nase sticken. Fertig!

Auch in poppig bunt ein drolliges Geschenk. Die Effektwolle ergibt das Igelkleid ganz von selbst. Wunderschön, wenn man eine ganze Familie anfertigt.

Variation

Geübtere können das Igelchen auch auf dem Nadelspiel stricken. In dem Fall werden pro Nadel 3 M angeschlagen und jede Rd pro Nadel je 1 M zugenommen. Das Ganze 22 Rd lang, dann umgekehrt die M wieder abnehmen, jede 2. Rd 4 M, bis auf jeder Nadel nur noch 6 M sind. Dann Wollwechsel und pro Rd auf jeder Nadel 1 M abnehmen, bis nur noch 4 M übrig sind, diese abketten und zusammenziehen.

Schnauze aufsticken und Äuglein aufnähen.

Grundkurs Stricken

Maschenanschlag: Ein langes Fadenende, das der aufzuschlagenden Maschenanzahl entspricht, legt man von vorn nach hinten um den Daumen der linken Hand. Der vom

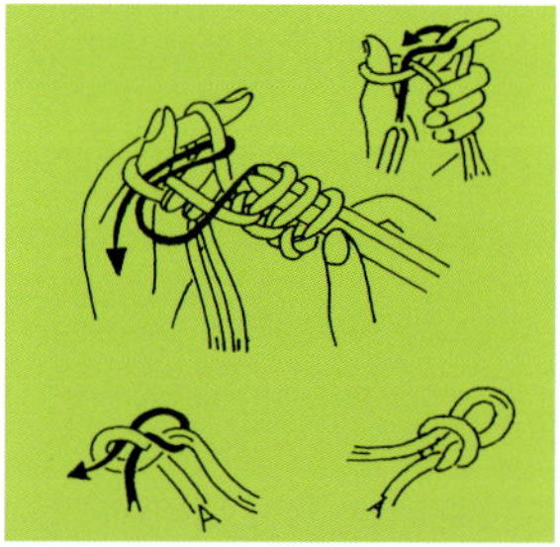

Knäuel kommende Faden wird über den Zeigefinger geführt und beide Fäden werden straff gehalten. Nun sticht man mit 2 Stricknadeln von unten in die Daumenschlinge ein und holt den vom Zeigefinger kommenden Faden als Schlinge (Masche) durch. Die folgenden Maschen in gleicher Weise bilden, siehe Pfeil. Zuletzt die zweite Nadel vorsichtig herausziehen.

Aufstricken von Maschen: Zunächst bildet man eine Anfangsschlinge, die man auf die linke Nadel nimmt. Mit der rechten Nadel holt man

den Arbeitsfaden als Schlinge durch und hebt sie von vorn auf die linke Nadel. Ohne die Nadel aus der Schlinge zu ziehen, wiederholt man den Arbeitsgang so oft, wie Maschen benötigt werden.

Rechtsmasche: Mit der rechten Nadel von vorn in die Masche einstechen

und den Faden in Pfeilrichtung durchholen.

Linksmasche: Den Arbeitsfaden vor die Masche auf der linken Nadel legen

gen und diesen in Pfeilrichtung durchholen.

Zu- und Abnehmen: Für die Zunahmen werden entweder Maschen aus dem Quer-

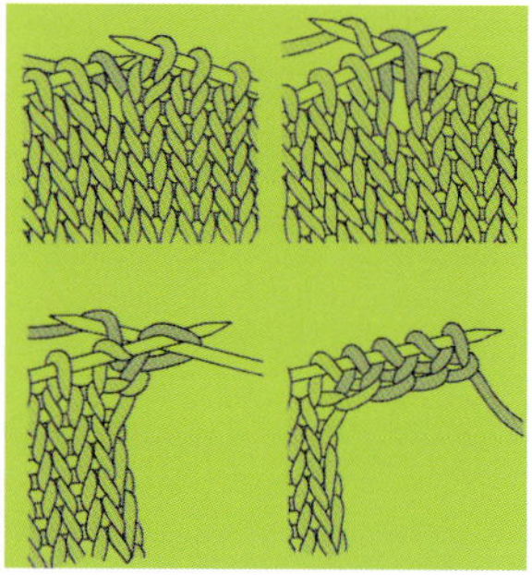

faden zwischen zwei Maschen herausgestrickt oder, wie oben beschrieben, einfach dazu angeschlagen.
Für die Abnahmen werden entweder bei einer einzigen Masche zwei Maschen zusammengestrickt oder bei mehreren

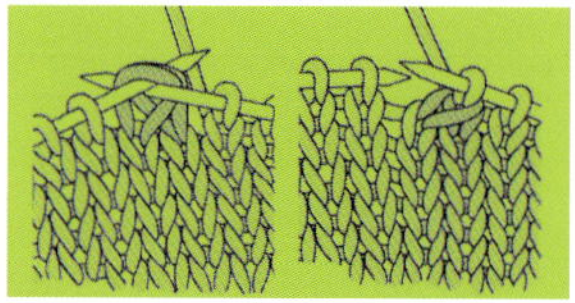

Maschen abgekettet, wie unten beschrieben.

Abketten: Am Ende einer Arbeit werden die Maschen abgekettet, indem

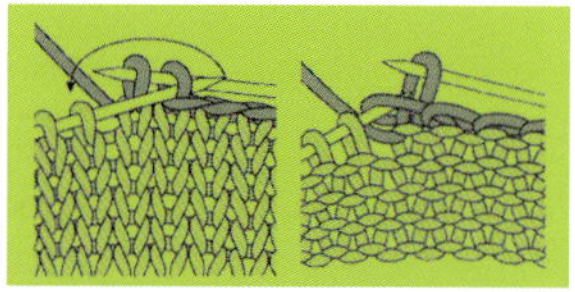

eine Masche gestrickt wird und die vorherige auf der Nadel über die letzte Masche gezogen wird.

Kraus rechts: Hin- und Rückreihen rechte Maschen

Glatt rechts: Hinreihen rechte Maschen, Rückreihen linke Maschen